法華講員 体験シリーズ⑮

月々日々につより給《たま》へ

―真剣な祈りで境界開く―

JN170788

はじめに

本年は、第二祖日興上人御生誕七百七十年の佳節に当たります。三月六日まで宗門僧俗は、法華講員五〇％増という御命題達成のため、老若男女を問わず、五年余にわたり懸命に唱題・折伏に精進してきました。四月より心新たに、平成三十三年、宗祖日蓮大聖人御聖誕八百年・法華講員八十万人体勢構築に向かって出陣することになりました。

大聖人の願いは、広宣流布であり、妙法の功徳によってすべての人々を救うところにあります。よってこの大願を成就するために、私達がなすべき大事は、使命のまま折伏弘教に励んでいくことです。

本書には、様々な問題を抱えながらも真剣な唱題に励み、家族や友人を折伏して、大きな功徳を賜ることができた方々の喜びの体験談が収録されています。

日蓮大聖人は、

「月々日々につより給へ」（聖人御難事・御書一三九七ページ）

と仰せです。困難の時にこそ、御本尊の絶対なる功徳力を信じ切り、いよいよ強盛な信心を奮い起こすべきです。

本書が、皆さんの信心を深めるための一書となることを、願ってやみません。

目次

引用文献略称

御　書―平成新編日蓮大聖人御書（大石寺版）

最後まで祈りきり、夫婦で御本尊の大功徳を賜る

娘の命が救われた！

東京都・妙真寺信徒

福井郁子

今日は、主人の折伏と、長女を妊娠中に体験したことをお話しさせていただきます。

主人とは二十三歳のころに知り合い、すぐに私が日蓮正宗に入っていることを話しました。宗教とはほとんど縁がなく、祖父の家に仏壇があるという程度だったそうで、私が信仰をしていることに驚き、できれば関わりたくないという様子でした。

機会を見て信心の話をしましたが興味を持ってくれず、噛《か》み砕いて話しているつもりでも難しく聞こえたのか、ほとんど右から左に聞き流すという感じでした。

主人の折伏と結婚

まずは、きちんと話を聞いてもらいたい。そのために、しっかり御祈念しなければいけないと思い、当時、預かり信徒としてお世話になっていた宝浄寺の折伏唱題会へ参加させていただくようにしました。そして、なんとか話を聞いてもらえることと、彼と一緒にお寺へ参詣できることを御祈念しました。

ある年の正月、彼が神社に初詣《はつもうで》に行こうとしていたので、「神社へ行ってもいいことはないよ。お寺へ行ってみない」と言いました。少し嫌《いや》そうでしたが、宝浄寺へ一緒に行ってくれました。

今まで葬式で僧侶がお経を唱えている姿しか見たことのない彼は、大勢で手を合わせて御本尊様に向かう姿が異様に見えたようでした。とても驚いた顔をしていたのを覚えています。あとから聞いた話では、あの時は怖くなり、その場から逃げ出したい気持ちだったそうです。

そのあとも、私の実家へ遊びにきた時に、母から信心の話をしてもらったりしました。その後、再び宝浄寺へ一緒に行く機会があり、在勤者（当時）の箱上良規御尊師からお話をしていただくことになりました。

箱上御尊師に「この信仰はやってみなければ判りません。まずはやってみましょう」と言われ、彼はその場で「はい」と返事をしました。その日に返事をするとは思っていなかったので驚きましたが、唱題の功徳で思いが届いたのだと感じました。そして、その日の夕の勤行の時に御授戒を受けました。

入信後の彼は、お寺へ参詣しても一人では中に入れず、毎回、私が入口まで迎えにいくという状態でしたが、地涌倍増大結集推進東日本決起大会で、私の兄と、さいたまスーパーアリーナで人文字に参加したり、少しずつ馴染《なじ》んでいきました。

平成二十一年七月二十六日の七万五千名大結集総会当日は、総本山に着くまで大雨が降っていました。これは大変だと思っていましたが、大会が始まる前に急に雲が切れて日が差し、快晴となりました。この時、彼は「不思議なことがあるものだな」と思っていたそうです。

この年、結婚することになりましたが、頭の痛い問題がありました。主人の両親が日蓮正宗のお寺で挙式をすることに大反対すると思ったのです。

主人の実家は代々浄土真宗で、親戚には浄土真宗の寺の住職がいるそうです。彼が日蓮正宗に入信したことは話せずにいました。「とにかく、納得してもらえるよう祈ろう」と彼に言い、二人で唱題してから実家へ向かいました。絶対に反対されると思っていたのですが、不思議と反対されませんでした。

その後、両家そろって宝浄寺で無事、挙式できました。御住職・舟橋義秀御尊師（慧行院日謙能化）から「これからあなた方二人

家族そろって御講に参詣

には、色々なことがあります。どんなことがあろうとも、正法を根本に悠々と乗り越えていってください」という御指導を頂戴しました。

結婚後、主人は勤行をしたり、しなかったりで、たまに勤行しても仕事でミスをすることがあり、「なぜなのか」と言っていました。私は「もっと大変なことになっていたかも知れない。勤行は毎日しましょうね。そうすれば、信心の有り難さが判るから」と話しました。

平成二十二年七月に、私達の菩提寺である妙真寺が返還され、その喜びに沸くなか、結婚して二年目の十一月に、待望の子供を授かっていることが判り、二人で喜びました。

出産予定は翌年の七月で、生まれてくるのは女の子と判り、最初は女の子がいいと二人で話していたので、とてもうれしかったです。妊娠と同時に子宮筋腫が見つかったものの、妊娠・出産に影響はないとのことで、経過は順調でした。ベビー用品を買いそろえたり、市主催のパパ・ママ教室へ参加したりと、出産に向けて準備を進めました。御住職・平山信憲御尊師に安産の御祈念もしていただき、安心して出産を待つばかりでした。

七カ月健診で衝撃の診断

五カ月健診、六カ月健診と経過は順調でしたが、七カ月健診の時、思いもよらない出来事が起きました。羊水過少症、胎児発育不全と告げられたのです。子宮の中の羊水がほとんどなくなっていて、そのせいか、子供の大きさも小さいと言われました。

この時期の胎児は、母親のお腹の中でおしっこをして、それを飲むということを繰り返しているらしいのですが、それがうまくいっていないのかも知れないし、破水した覚えがないのであれば原因は判らないということでした。すぐに大きな病院で精密検査を受けるようにということと、その際につらい診断結果になる可能性があるから、だれかと一緒に行ったほうがいいでしょうということを言われました。

翌日が祝日だったため翌々日、主人に仕事を休んでもらい、朝一番で杏林大学医学部付属病院へ行くことになりました。病院へ行くまでの二日間、私は、羊水過少症、胎児発育不全という言葉をインターネットで調べていました。妊娠中期に診断が出て、無事出産ができたケースを見つけることができず、不安に押しつぶされそうになっていました。

もしかしたら間違いかも知れない、間違っていてほしい。御住職様に御祈念していただき、主人と私も時間の許す限り必死で唱題を始めました。今まで、主人と二人でこんなに真剣に唱題したことはありませんでした。結婚式での舟橋御尊師の御指導を思い出していました。

二人でしっかり唱題して病院へ向かいました。しかし、検査の結果は期待を打ち砕かれるものでした。破水した形跡がなく、胎児が羊水を飲み、おしっこをした形跡はあるものの、羊水はなくなっている。胎児の臓器はしっかり形成されている。やはり原因不明で、このまま羊水が戻ることはない。羊水がないままではお腹の中で生きていけず、染色体異常の可能性が濃厚で生まれても重度の障害を持っている可能性が高いので、一刻も早く中絶を決断したほうがよい、などの説明を受けました。

絶望のあまり、二人で泣き続けました。唱題もしているし、御住職様のお計らいで御秘符《ひふ》もいただいているのに、なぜだろうという思いでした。そんな状況でもお腹の中で元気に動いている我が子。羊水がないので苦しいのかも知れない。中絶を決断するしかありませんでした。妊娠中期になると通常の出産と同じなので、かかりつけの産院で処置してもらうことになりました。

それでも私達は諦《あきら》めきれず、「どうかこの子を助けてください。必ず広布の人材にします。助かったらそのことを体験発表します」と祈っていました。

診断から四日後、母に付き添ってもらい産院に行きました。処置は夜の八時からでした。よく晴れた夜空に三日月と金星が縦一列に並んで、美しく輝いていました。その日もお腹の中の子供は元気に動き、「生きたい」と言っているようで、本当につらかったです。子宮口を開く器具を入れ、陣痛促進剤を点滴して出すという普通の出産と同じ方法なのに、お腹の子は生きられないのです。

羊水が増えた！

直前に、診察室で念のため胎児の状態をエコーで見ることになりました。その時、思いがけないことが起きました。四日前に増えることはないと言われた羊水が、増えていたのです。処置は中止になり、そのまま帰宅することになりました。その時「この子は絶対に助かる」と確信しました。

先生も、今までたくさんのお産を扱っているけれど、なくなった羊水が戻った例は一件もないと驚いていました。御本尊様が願いをかなえてくださったと思いました。

　その後は、感謝と、羊水が完全に戻り、子供が無事に生まれるようにと唱題を重ね、八カ月目には正常値に戻りました。

そして、平成二十四年の七月四日、出産の日を迎えました。

　出産は極めて順調で、

すこやかに育った娘さんと（御講にて）

分娩《ぶんべん》室に入ってから二時間で生まれました。主人も分娩に立ち会うことができました。生まれた時、先生が最初に言った言葉は「指がちゃんと五本ある」でした。先生は内心、何かあるかも知れないと思っていたようです。二千四百グラムと小さめながら元気で、三十九週までお腹の中にいたため、保育器に入らずに無事退院できました。御住職様にもたいへん喜んでいただきました。

この体験は、私達夫婦に正法の正しさを教えるための御本尊様のお計らいだったのだと思っています。これからも家族で日々、信心を中心とした生活を心掛け、無事、娘を授けていただいた御本尊様に御報恩感謝するためにも、しっかりと法統相続し、娘を鼓笛隊に入隊させ、広布の人材にしたいと思っています。

そして、平成二十七年、三十三年の大佳節に向かい、今回の体験を活かして、折伏に精進してまいります。

この体験談は、平成二十六年十月十五日に開催された「東京第二布教区広布推進会」で発表されたもので、『大白法』第八九七号に掲載されたものに加筆しました。

入信者が幸せになる姿に、さらなる折伏を決意

語り尽くせない御本尊様の功徳

東京都・大宣寺信徒
荒　木　栄　子

私は、平成二十二年五月に入信し、今年で五年目になります。鹿児島県の徳之島生まれで七人兄弟です。

学校を卒業後は就職し、結婚もして幸福な日々を過ごしておりましたが、主人が三十一歳の若さで亡くなり、私の人生は一変しました。二人の子供を育てているなか、私自身も骨膜骨髄炎という大病を患《わずら》い、快復するも、間もなく気管支結核にまでなりました。

悲しみと苦しみのどん底に陥《おちい》っていたそんな折、訪ねてきた友人に希心会という宗教を勧められました。そこで初めて南無妙法蓮華経と出会い、一生懸命に続けましたが、先輩方のもめごとを見て、退会いたしました。

身心ぼろぼろで　正法求めさまよう

その後も、ありとあらゆる信仰を求めてきましたが、どの信仰でも解決してもらえませんでした。ついには、身も心もぼろぼろで精神不安定になり、一切の信仰をやめたところ、またも骨膜骨髄炎が再発し、移植手術しても完治するとは言えないと医者から伝えられました。

その当時、小さな店を構えて生計を立てておりましたが、一切の仕事をやめたそのころ、お客様であった老夫婦から「困った時は、東へ向いて題目を唱えるとよいことがある」と聞いておりましたので、すがる思いで思いきって行ってみました。

朝日が昇ると同時に、自分の小さなころから今日まで歩んできたすべてを込めて、一時間ほど題目を唱え、終わった時にはなぜか晴ればれとした気持ちになり、諸々の悩みが消え去ったように感じました。二、三日続けたところ、足の骨膜骨髄炎もよくなってきたようで、その後、自分から願い出て創価学会員となりました。

しばらくはよい気分でおりましたが、そのうち、なぜか違和感を覚えたので知人に相談したら、法華講員で大宣寺支部の千葉地区に所属する山田さんと、法華講連合会婦人部長の寺谷さんを御紹介いただきました。

その後、お二人から大石寺の写真集を見せていただきながら、違和感の原因は、拝む対象物が『ニセ本尊』であることと教えてもらいました。お二人には、とても長い時間を割《さ》いていただきました。どれも心打つお話ばかりで、私にとっては、あっという間に過ぎ去ったひとときでした。

その場にて五月一日と約束をし、『ニセ本尊』を返して、今は亡き前御住職・常観院日龍御尊能化の御導師のもと御授戒を受け、平成二十二年五月一日に法華講員とならせていただきました。

登山で感じた大石寺のすばらしさ

当時は弟が末期ガンの治療中で、兄も肝臓ガン、そして私の長男は失業中と、八方塞《ふさ》がりでした。

入講後、五月の支部総登山が間近に迫っておりましたが、日程が兄の手術日と重なるので、参加は無理だと思っておりました。寺谷さんから「御本尊様に祈りましょう。必ず参加できるから諦《あきら》めないように」と励まされ、力強く朝夕二時間のお題目を唱え続けた結果、手術が延期となり、本当に願いがかなって皆さんと共に初めての登山に参加できました。御本尊様に心から感謝申し上げました。

その日は大雨でしたが、本門戒壇の大御本尊様にお目通りさせていただき、日蓮大聖人様、総本山第六十六世日達上人様のお墓参りもさせていただきました。道中、雨と風に打たれて足元もずぶ濡れの墓参でしたが、大石寺のすばらしさに足の痛みも忘れて歩き続けられたことに、これは本物の信仰だと確信できました。ふと立ち止まり、振り返って景色を見渡して、雨風が私の苦しみを洗い流してくれたような、心の底からあふれんばかりの喜びを体験いたしました。

下山後、家族、兄弟、知人、縁ある方々にその喜びと大石寺のすばらしさを話し続けていました時に、長男の就職が決まるという功徳もいただきました。

さらに、知人から一人の女性を紹介いただき、すぐにお会いして悩みを聞かせてもらいました。母一人、子一人で、なんと子宮ガンでステージ四の診断を受けているとのこと。「死にたくないから助けてください」と言うのです。

私の体験を話して、日蓮大聖人様の「南無妙法蓮華経」のすばらしさや大石寺のすばらしさを聞いてもらうと、その場で納得され「一日でも早く」との決意です。地区の方々の協力をいただき御授戒を受け、その方は喜びで涙いっぱいでした。その後は心機一転して寝る間も惜しんで、手の皮がめくれるほどに力と願いを込めて唱題され、ステージ四のガンが入院して検査したところ、ガンが消えていて、帰ってよいということになったとのことです。

私はすばらしい体験を目《ま》の当たりにして、なお一層、御本尊様に確信を持ち、折伏が大好きになりました。

まずは兄弟を折伏

こうした最中《さなか》、残念ながら弟が折伏かなわぬまま亡くなってしまいました。葬儀のために徳之島から来ていた長兄に、弟の供養のためにお寺へ行こうと話をするのですが、耳が悪くて理解してもらえず、筆談で折伏し、兄は御授戒を受けることができました。続いて、次男の兄も御授戒を受けることができ、その後、大宣寺や近くの末寺へ時折、参詣はしておりました。ある日、ふと兄のことが気になり電話したところ、舌がもつれていると気づき急いで訪ねてみると、兄は身動きできない状態でした。救急車で病

講中の方々と共に
（前列左より小高講頭、荒木さん、寺谷さん）

院へ運んだところ、検査結果はクモ膜下出血で、他の病気も併発していて手の施しようがないと言われました。一カ月間ほどは口もきけず、ただ見守るだけの状態でした。私は兄を助けたい一心でお題目を唱え、御本尊様からの大功徳をいただいて、兄は見事快復し、退院できました。

四男の兄夫婦は学会員で、夫婦共ども、病弱なため入退院の繰り返しの日々でした。その時、私は腰痛で歩ける状態ではなかったけれども、角帯《かくおび》を腰に巻き、区長さんにお願いし、車で千葉県から埼玉県の川越市へ折伏に行きました。

大石寺はペンペン草など生えてなくてすばらしく美しいこと等、私の体験も語り、夜も遅くになりましたが、これが不幸の原因だと言って『ニセ本尊』をベランダへ出し、折伏がかないました。翌日、『ニセ本尊』を払い、川越の本種寺で勧誡を受けることができました。

それまでは杖を頼りに歩いていた義姉でしたが、勧誡を終えたあと、うそのようではありますが杖なしで歩けるようになり、付き添いの娘達も周りの方々も、不思議がっていました。言葉では語り尽くせない御本尊様の功力《くりき》だと思いました。私は腰の痛みも治り、晴天の気分での帰り道となりました。

次々と兄弟を折伏していくなかで御本尊様よりいただく功徳の現証を目の当たりにして、さらに折伏に力が入りました。兄弟の次は友人、知人にもこの御本尊様のすごさを話してあげようと決意いたしました。

この人を幸せにしたい

そのなかの一人、加藤敏子さんは、足が悪く、歩くことも大変でしたので、私の体験を話し、御登山を勧めましたところ、創価学会から脱会することを決意され、勧誡、御本尊様の御下付へとつながりました。

彼女はそれにもかかわらず心が晴れず、部屋から一歩も出られなくなり困っていましたが、御影堂大改修落慶記念法要を勧めたところ参加され、戒壇の大御本尊様へのお目通り後は心も晴れればれとしたようです。その後、二回、三回と御登山に参加するなかで杖なしでも歩けるようになり、加藤さん自身も「不思議ね」と驚いていました。

「その喜びを話し、折伏で御本尊様へお応えしよう」と勧めると、彼女は友達を折伏して、先日はその友達共ども、支部総登山に喜んで参加できました。

私は、自分のことよりも折伏させていただいた一人ひとりが幸せな境界へと変わっていく姿に、さらに折伏をもってお応えしていこうと決意しました。

私は唱題をし、そのお力を借りて行動いたします。素直にすぐ「はい、判りました」と言う人はなかなかいませんが、それでもこの人を幸せにしてあげたいとの一心です。どうして判ってくれないのかと悩むこともありますが、悩めば悩むほど御本尊様への祈りも強くなり、不思議なことが起きてまいります。「折伏してください」と言わんばかりの方々が、向こうから我が家へやってくるのです。最近では「折伏してください」と、列を作って待っているかのような気さえいたします。

折伏のことが頭から離れず、唱題し行動、唱題し行動、そのなかで自分で処理できないことは地区の方々に相談して解決いたします。応援のために御祈念をお願いするようにしております。

今日の体験発表が決まってからも、落ち着いて発表できるようにと願って唱題を重ね、二人の折伏を成就できました。

私は初めての御登山の際、五十名の折伏名簿を手に、戒壇の大御本尊様に折伏をお約束申し上げ、同時に「これからは精進に精進を重ねて、健康体を取り戻して御供養させていただきます」とお誓い申し上げました。まだまだ道半ばではありますが、今日までに二十八名の方が入信され、そのなかの四名は自分自身でも友人を折伏されて、多くの仲間が増え続けております。

御本尊様からいただく功徳により今、健康体にしていただきましたので、その体験をもとにさらに折伏行に邁進《まいしん》していく決意でおります。

最後に、日ごろ、ことあるごとに御指導、激励をいただく御住職・細井玉道御尊師に心から感謝申し上げます。また、地区の皆様の異体同心の御協力にも、心より御礼申し上げます。

この体験談は、平成二十六年十月十五日に開催された「東京第二布教区広布推進会」で発表されたもので、『大白法』第八九六号に掲載されたものに加筆しました。

折伏は皆を笑顔にし、家族が仲良くなる

ずっと願っていた父と弟の御授戒

京都府・本感寺信徒
能瀬駿斗

今日は、僕の折伏へ向けての話をしたいと思います。

僕には去年の六月に、十一歳年の離れた弟が生まれました。お母さんは、弟がお腹にいる時に入院と退院を繰り返していて、安静にしていないといけなかったので、あまりお寺に行けませんでした。

お父さんと弟の御授戒を願って

うちはお父さんが信心をしていなかったので、僕がお母さんの分もがんばろうと思い、休みの日にはおじいちゃんの車に乗せてもらい、お寺に参詣しました。初登山や支部総登山にも行き、お母さんの分も、戒壇の大御本尊様に弟が無事に生まれてくることと、お父さんを折伏できますようにとお願いしてきました。

そして去年の六月に、無事に弟が生まれてきてくれました。

弟が生まれて一カ月以上経ち、八月の納涼会に合わせて、弟を連れて、お父さんが初めてお寺へ参詣しました。お母さんと僕は、お父さんもその日に一緒に信心を始めてほしかったのですが、その日、お父さんは参詣だけして帰りました。

それから僕とお母さんは、なんとしてもお父さんを折伏しようと決めました。弟には一日も早く御授戒を受けてほしかったけど、弟が御授戒を受けるのはお父さんも受ける時と決め、お父さんを折伏する毎日が始まりました。

夏休みが終わり、秋になると本感寺では百日唱題行が始まりました。御住職様の御指導は、異体同心して二人以上で唱題をすること、でした。

僕は地区の人達のおうちへ行って唱題をしたり、家に来てもらって唱題をしたり、お寺で子供達だけですることもありました。

十月に入り、お母さんがお友達を一人折伏しました。お母さんに「駿斗《しゅうと》は折伏しなくていいの？　今はみんなのお題目の力がすごいから、必ず折伏できるよ。がんばって！」と言われ、僕も絶対に折伏したいと思いました。

僕の街頭折伏

学校の友達に話をしてみましたが、「忙しい」「興味がない」「習いごとがある」「親に怒られる」などと言われ、友達みんなに断られてしまいました。すごくショックで、折伏ってなかなかうまくいかないものだなと思いました。

折伏先がなくなってしまったので、以前、地区の人達がしていたように、街頭折伏をしてみようと思いました。初めはすごく緊張したけど、二、三人に「あの、すみません。僕は日蓮正宗の本感寺の能瀬駿斗と言いますが、少し話を聞いてくれませんか」と言って声を掛けました。

若い夫婦の人、子供連れの人、ほかに何人か断られてしまったけど、一人のお婆さんが話を聞いてくれました。そのお婆さんは自分の家を教えてくれ、家に行くまでの間、歩きながらお寺の話をしました。

そのお婆さんは習字の先生をしているみたいでし

少年部の子供達と

た。その日はお婆さんと電話番号を交換して、今度、お母さんの話を聞いてくださいと言って帰りました。その後、お婆さんに電話をすると、忙しくて行けないと断られました。

その後も、休みの日に、お寺に行ったあとで色々な人に声を掛けましたが、話を聞くどころか、変な目で見られているような気がしました。

帰ってお母さんにそのことを話すと、「そうやって、変な目で見られたり、嫌《いや》なことを言われても折伏すると罪障消滅になるんだよ。だからがんばりよ」と言われ、知らない人に声を掛けるのが嫌になっていたけど、反対にワクワクしてきました。

そして今度は、お寺の友達と一緒に街頭折伏に行きました。すると、一人のおじいさんが話を聞きたいと言ってくれました。

おじいさんは「子供達がこんなに楽しそうにお寺の話をするから、そのお寺に興味が涌くなあ」と言ってくれました。お母さんの連絡先を教えて帰ってきましたが、おじいさんからは連絡もなく会えませんでした。

異体同心のお題目

十一月に入っても百日唱題行は続いていました。今、こうしてがんばっているので、僕とお母さんは、もう一度、お父さんをお寺に誘うことにしました。

お母さんは、何度も何度もお父さんと話し合いをしていました。僕は「行ってきます」と「帰ってきました」のお題目三唱をし、お父さんと二人だけで御飯を食べる時も、お父さんはしなかったけど、お題目三唱をするようにしました。お父さんに、御本尊様を信じていることを、僕の姿を見て判ってくれたらいいなと思っていました。

お父さんが入信を決意

僕からも何度か、お父さんに「一緒にお寺に行こう」と誘いましたが、いつも「仕事があるから」と断られました。でも、お母さんも僕も、十一月十五日の目師会《もくしえ》までに、弟に御授戒を受けさせてあげたくて、今度は絶対に諦《あきら》めないと決めていました。おじいちゃん、おばあちゃん、お母さんの姉妹、いとこも、みんなで夜中まで唱題をしました。

みんなでする唱題の願いが届いたのか、「信心はしない」と言っていたお父さんが、十一月十三日の御逮夜御講の日に、入信することを決めました。

お寺に行く前におじいちゃんが家に来て、もう一度お父さんに話をしました。入信するに当たって「御本尊様を信じること」「謗法の物は捨てること」「お父さんの親と兄弟を折伏すること」「忙しくても一カ月に一回は必ず家族全員でお寺に参詣すること」。

お父さんは、おじいちゃんの言うことに「はい、解りました」と言って、気持ちよく返事をしていました。

その日、僕はお寺に着くまでお父さんの気持ちが変わらないかドキドキしたけど、無事にお寺に着きました。そして、ずっと願ってきた通りに、お父さんと弟は御授戒を受けることができました。

お母さんは、十年間、僕を一人で育ててくれました。僕はずっと、お父さんがほしいと願ってきて、かないました。兄弟がほしいと願ったこともかないました。

お父さんが入信することを決めたので、弟も御授戒を受けられました。生まれてきてから御授戒まで半年かかって長かったけど、弟の初参《はつまい》りがかなって、本当にうれしかったです。

御授戒を受けたので、目師会では、弟もほかの少年部員と一緒に御祈念をしてもらうことができました。

折伏は楽しい

お父さんは毎日忙しくて、帰れない日もたくさんあるけど、おじいちゃんと約束したように、必ず月一回は家族全員でお寺に参詣してくれています。そして、御授戒を受けた日から、御本尊様に手を合わすようになりました。来年の支部総登山には、お父さんも一緒に、家族そろって登山したいと思います。

お母さんとずっと一緒に願ってきた、お父さんと弟の御授戒がかない、御本尊様のすばらしさが判りました。折伏を通して、皆で気持ちを一つにして、いつも家族で集まり唱題をして、おばさんや、いとこのお兄ちゃんやお姉ちゃんと活動できて、とても楽しかったです。折伏は、皆を笑顔にし、家族が仲良くなります。

今年、僕は六年生になりました。

お母さんと一緒に願ってきた、お父さんと弟の入信がかなう

本感寺では、夏になると少年部の修養会があります。今年で八回目です。修養会では、青年部と中高部の人達が、劇やレクリエーションをしてくれます。

毎年楽しみにしていますが、来年には僕も中高部の仲間入りです。今の中高部のお兄ちゃんやお姉ちゃんが僕達の面倒を見てくれたように、僕も小学生のトップとして、しっかり小さい子達を見ていきたいです。

この体験談は、平成二十六年五月十八日に開催された「京都布教区広布推進会」で発表されたもので、『大白法』第八九三号に掲載されたものに加筆しました。

息子に導かれ、登山もかなう

御開扉で味わった大きな感動

ブラジル・正法寺信徒
マリア・クリスチナ・カミロ

私は一九八四（昭和五十九）年に、友人であるスエリさんの折伏で入信しました。しかし、まじめに信心に取り組んでいませんでした。

創価学会問題が起きた時、私とスエリさんはサン・セバスチョン（サンパウロから車で約四時間の海辺の町）に住んでいて、周りの正しい信仰を求める人々と共に、一度は法華講員となりました。

しかし、もともと信心に誠実でなかった私は、引っ越しを繰り返していたこともあり、入講後も相変わらずで、たまたまサン・セバスチョンにいれば、たまに会合に顔を出す程度でした。

息子の幸せ願い発心　しかし魔が……

そのような状態のなか、二〇〇二（平成十四）年、私は一人息子のエンゾを授かりました。彼は、私の妊娠中の高血圧が原因で、脳性小児麻痺《まひ》の障害を持って生まれてきました。

私は、息子がよりよい人生を歩むことを願い、これからは正しく信心しようと、久しく訪れていなかったサンパウロで、息子に御授戒を受けさせました。

ところが、それ以降は、もともと創価学会の間違いを正しく認識しておらず、寺院から遠く離れた所に住んでいたこともあり、日蓮正宗の信心から徐々に遠ざかってしまいました。

反対に、多くの創価学会員が私に接触してきて、正しい認識に欠けていた私は、学会幹部に言われるまま、御本尊様を『ニセ本尊』に取り替えてしまったのです。

それからの十年、私達の人生はおかしなものでした。学会の活動をやればやるほど、問題は増えるばかりです。

息子の面倒を見るため、仕事を辞めざるをえなくなった私は経済的に困窮し、家賃も払えなくなるので引っ越しを繰り返しました。生活は、息子が生まれる前から同居を始めていたスエリさんの収入でなんとか凌《しの》いでいました。当然のことながら、息子の病状も、何もよくなることはありませんでした。

二〇一一（平成二十三）年、私達三人は、再びサン・セバスチョンに戻ってきました。この時、かつて私達を法華講に導いてくれたエリアネさん（当地域の統括員）のことを思い出し、連絡を取りたいと思いました。

そのことを学会幹部に告げると「エリアネはダント（檀徒）なので近づいてはいけない」と言われました。私は言われるがまま一年間、エリアネさんに連絡を取りませんでした。

しかし、いくら会合に参加しても、唱題に励んでも、息子も生活もよくなりません。学会幹部からは毎日、五時間唱題をしなさいと指導を受け、その通りにやってみましたが、何も改善しません。悪くなるばかりです。

それどころか、二〇一二年、とうとう生活の頼みだったスエリさんも職を失い、生活はますます困窮し、家賃を数カ月間滞納していたため立ち退《の》きを迫られました。

仕事がない私達に、もうだれも家を貸してくれません。今の家を追い出されては、生活が崩壊してしまいます。ここに至ってようやく私は、思いきってエリアネさんの家を訪ねていきました。二〇一二年四月のことです。

この時、彼女は二時間唱題行の最中でした。折伏成就と地区の発展を祈り、毎日行っていたそうです。聞けばこの十年、私のこともずっと心配して、法華講に戻るよう祈ってくれていたそうです。

私は彼女が唱題を終えるのを待ちました。私を見たエリアネさんはたいへん驚いた様子でした。長年、連絡も取らずに離れていた私を、手放しで温かく迎えてくれました。一緒に題目三唱をしたあと、私達は抱き合い、久々の再会を喜び合いました。

私はこれまでのことを話しました。エリアネさんは、私が学会にいたことを非常に残念がり、苦しみに満ちた私の人生を、よい方向に転換するため、法華講に戻るよう励ましてくれました。気がつけば三時間が過ぎていました。あとで聞いた話ですが、彼女はこの日、医者に行く予定だったのをキャンセルして、私に付き合ってくれたのです。

勧誡を受け　功徳顕る

私は、このエリアネさんとの話で脱会を決意し、すぐさま『ニセ本尊』を学会幹部に戻しました。

そして、まるであらかじめ私の再入信の日付が決められていたかのように、サンパウロ正法寺から次の週末に御僧侶の出張が予定されており、その機会に、息子エンゾとスエリさんと共に勧誡を受けることができたのです。

正しい信心に再び戻ることができると、すべてがよくなり始めました。勧誡の一週間後には、就職活動をしていたスエリさんが

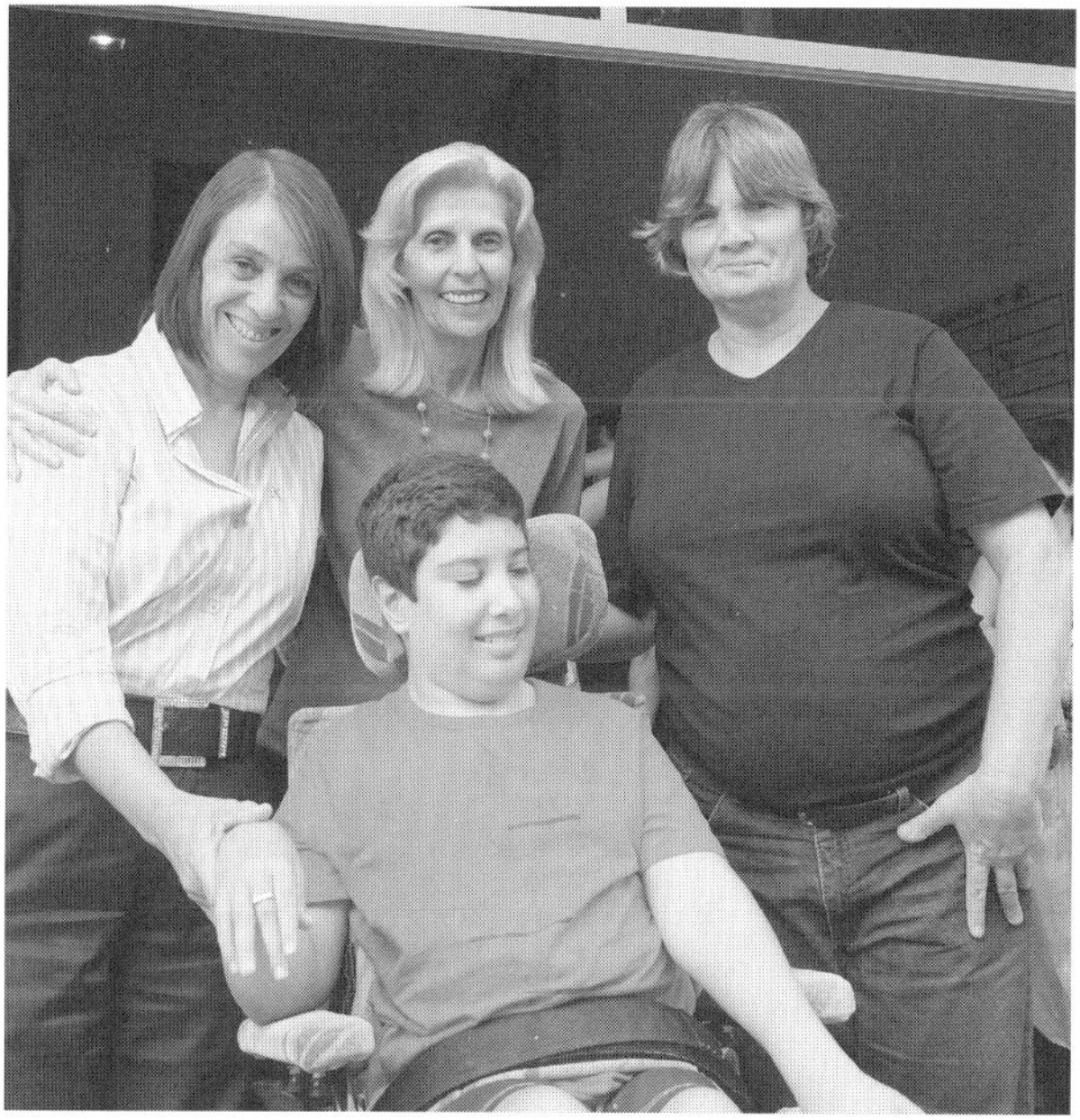

御講に参詣して

（前列中央と後列左がマリアさん親子　後列中央が法華講に導いてくれたエリアネさん　右がマリアさんを折伏したスエリさん）

職を得ることができました。それまでの家からは立ち退かざるをえませんでしたが、スエリさんの就職によって別の家を借りられるようになったのです。とりあえず路頭に迷う心配はなくなりました。

また六カ月後、今度は私が働き口を見つけることができました。一九九二年に一度、家政婦として働いたことのある別荘の持ち主に、住み込みで別荘の管理をしてもらいたいとの誘いを受けました。息子のことを承知の上で、です。

そして何よりも変わったことは、息子の状態です。まずは言葉です。それまでは母親の私でさえ、彼が話すことを理解するのはとても困難で、ほとんど何も判りませんでした。それが劇的によくなり、ほとんどの言葉を理解できるようにまでなりました。

身体面についてもです。それまでは、ベッドの上で無気力に過ごすことが多く、ほとんど外出できませんでしたが、自分から外出することを望むようになり、丈夫になってきました。

身体面に関連し、すばらしい出来事も起こりました。それは、彼にとって必要だったのですが、その入手がとても難しかった非常に大事なもの、つまり車イスを手に入れられたのです。

彼の場合は、専用の仕様でなくてはなりません。かかりつけの医者からは、そういった車イスを勧められてはいましたが、とてもそのような高価な物の購入など、できませんでした。

しかし、これも不思議なことに、たまたま息子のことが地元有力者に知られる機会があり、その人の働きかけや他の助けもあり、息子は車イスの寄付を受けることになったのです。

これによって、ベッドの上で多くの時間を過ごしていたのが、車イスを使って外出できるようになったのです。しかも、自ら望んで外出する機会が増えました。

思いがけない電話に初登山がかなう

話は前後しますが、私達は二〇一二年四月に勧誡を受け、翌五月の御報恩御講には、早速サンパウロの正法寺へ参詣しました。

私は、再入信をきっかけに、エリアネさんおよび地域の仲間と共に、ますます唱題に、寺院参詣に、そして折伏に励むようになりました。勧誡式の三カ月後には二人の折伏が成就し、そのうちの一人が、さらに折伏を成就しました。

そして私自身も、勧誡式の三カ月後に御本尊様を御下付いただくことができました。

このように多くの功徳をいただくなか、本門戒壇の大御本尊様にお目通りしたい、お礼を申し上げたい、との決意が涌き上がってきました。

そのようにしていたある日、スエリさんは一本の電話を受けました。内容は、以前に働いていた会社での残業代の未払い分が支払われるというものでした。全く思いがけない出来事でした。これによって登山が可能になったのです。

早速、御住職・安孫子信洋御尊師に、息子のことも含めて相談し、今年の九月の寛師会登山に申し込みができました。喜んで準備を始めました。

既にこの時、七月七日に息子は手術を受けることが決まっていましたが、御本

寛師会登山にて御住職と共に

尊様の大きな御加護を受けて無事に済み、術後の快復も早いものでした。しかし、まだ登山への道のりは簡単ではありませんでした。ブラジル出発の一週間前、息子は風邪を引き高熱を出してしまったのです。言うまでもなく、もし熱が下がらなければ、医者は外出を許可せず、旅行はできません。私達は、たくさんのお題目を唱え、前日までにようやく治りました。

そして、いよいよ九月十五日、日本へ向けてサンパウロ国際空港を出発したのです。途中、アブダビ空港における乗り継ぎ時間を含め、約二十七時間かかって、ようやく成田空港に到着し、やれやれと思ったのもつかの間、予期せぬ事態が待っていました。それは、息子の足である車イスの部品の一つがないのです。ロストバゲージです。

そのため航空会社が貸し出してくれた車イスは、彼にとってとても不便なものでしたが、ここまで来た以上、前に進むしかありません。しかし不思議と気持ちは落ち着いていて、このようにたくさんの困難があっても、とても幸せを感じることができました。なぜなら、あらゆる困難をことごとく克服できているからです。

総本山到着の翌十八日、私と息子にとっての初めての御開扉。戒壇の大御本尊様の前で味わった大きな感動は、言葉では表現できません。私を二度まで正法に導いてくれたエリアネさんと一緒にこの登山に参加できました。感謝の言葉もありません。

私は、大御本尊様にたくさんの功徳の体験をいただいたことに対して、心からのお礼を申し上げ、広宣流布のために、さらに尽くしていくことをお約束しました。

この体験談が、日本の多くの方々が日蓮大聖人様の正しい仏法を信仰される動機になることを望みます。

大御本尊様、御法主日如上人猊下、御住職ならびに在勤の御僧侶方、本当に有り難うございました。

この体験談は『大白法』第八九五号に寄稿として掲載されたものに加筆しました。

息子、娘、夫が入信　今度は育成！　心はやる日々

次は〝家族全員で登山〟が目標

岩手県・得道寺信徒

星　美和子

今日は、念願だった家族全員の入信がかなった経緯をお話しさせていただきますが、その前に私自身のことを少々申し上げます。私の家は浄土真宗で、敷地内に「薬師さん」と呼ばれる建物があり、祖父は「魂入れ」と呼ばれることを行っていました。

そんな環境に生まれ育ったので、信仰に抵抗はありませんでした。仏壇の掃除や、なかの釈尊像を磨きながら仏像に話し掛けたりするような少女だった私は、幼少期より周囲の大人達から「南無妙法蓮華経と言ったら罰が当たる」と言い聞かされながら、「本物の宗教はなんだろう。仏教がお釈迦様から始まったのなら、正しいものはお釈迦様が言っていることではないのかな」などと思っていました。

家族への折伏始める

社会人になり、結婚し、二男三女を授かりました。信仰面では、統一教会や真如苑など回り道をしつつ平成十七年、ようやく正法に巡り値《あ》えました。

家族で最初に入信したのは、末っ子の次男でした。平成二十一年、まだ小学生の素直なころにすんなりと御授戒を受けました。次が長男でした。大学受験を控えた長男は平成二十二年の正月、元旦勤行に参詣した際、当時の御住職・小原玄道御尊師に「遼平、よく来たな。いつ御授戒受けるんだ。今日受けなさい」と声を掛けていただき、「はい」と返事をして御授戒を受けました。

それから一年ほどが過ぎ、三女が入信しました。三女には面と向かって「一度だけでいいから日蓮正宗の信仰とはどういうものか、御住職様から直接お話を聞いて」と話し、私の願いを聞き入れる形で参詣したその日に、御授戒を受けました。

そして夫と、県外で暮らす長女と次女家族が残りました。残った家族には、ことあるごとにお寺や御本尊様についての話をしていましたが、夫以外は離れていることもあり、なかなか入信には至りませんでした。

しかし今年に入り、五人の子供のうち一番難しいと思っていた次女が「お母さんのやっている宗教に入信してもいい」と自分から言い出しました。彼女自身がお題目の不思議を体験したとのことでした。心のなかでは御本尊様を信じていてくれたのかなとうれしく思いつつ、善は急げと私は次女一家の御授戒に向け、行動を開始しました。

御住職・水島信淳御尊師に御相談したところ、次女の住む神奈川県平塚市の大経寺を御紹介くださいました。娘と一緒に伺う日を決めると、再び御住職から大経寺に御連絡いただきました。

いよいよその日が来ました。朝の新幹線に飛び乗り、東京で長女と待ち合わせて二人で平塚へ向かう計画でしたが、その日は関東一帯が四十五年ぶりの大雪で、次女の家のすぐ側まで来ていても、どこが家か判らなくなるほどの猛吹雪でした。ようやく着いたところには高速道路も新幹線もすべて不通になり、新潟に出張していて夕方に帰宅予定だった娘婿も足止めとなってしまいました。

予期せぬ出来事に閉口し、「魔の仕業《しわざ》か。ここまで来て次女家族の寺院参詣はかなわないのか」と不安が募りましたが、十九時間かけて娘婿が帰宅し、なんとか大経寺への参詣がかないました。

一方、うれしいこともありました。予定では次女家族だけの参詣でしたが、長女も同行してくれたのです。

大経寺の御住職・横山雄玉御尊師は私達を笑顔で迎えてくださいました。当初は過密なスケジュールの合間のわずかな時間でお話しいただく予定でしたが、大雪のため会合が中止となり、一時間にわたってお話しいただけ、次女家族三人と長女の四人が御授戒を受けることができました。

その日、得道寺では、御報恩御講のあとに矢巾《やはば》班の皆さんが私達のために真剣に唱題して御祈念くださったと、あとで聞き、異体同心・一結講中を実感しました。

さて、残るは夫です。彼は、私の信心活動を妨げるわけではありませんが、お寺から帰宅すれば「寺、寺、寺ばっかりで、おかしいんじゃないか」とか、唱題していると「気持ち悪いな。やめてくれないかな」とか、お寺へ誘えば「自分一人でやるのは勝手だけど、ほかの人まで誘うなよ」と言います。日々の会話で少しでも信仰の話をすれば「なんだか最近、宗教やってる人の顔つきになってきたんじゃねえか」と、馬鹿にしたように言われてきましたので、夫の御授戒は半ば諦《あきら》め、文句を言いながらもお寺に行かせてくれるだけでもよしと思っていました。

ある時、ビールを箱でいただき、お供えしようとお仏壇の横に置きました。私はビールは飲みませんが、夫は大好きです。しばらくすると、ビールが数本なくなっていました。

そこでA四サイズの紙に「ビール一本につき、必ず御本尊様に手を合わせ『南無妙法蓮華経』を三唱してください」と書いたものを箱に入れておきました。やるかどうかが目的ではなく、少しでも御本尊様に心を向けるようになってほしかったのです。たいして期待もせず、何気なく箱を開けてみると、私が入れた紙の余白に、日付と「正」の字が書いてありました。夫に尋ねると、きちんとお題目を三唱しているとのことで、内心「やった〜」と喜びました。

程なくして、会話のなかで私が「御本尊様のお陰。日蓮正宗の信仰に出合えて本当によかった」と言ったのをとらえて「よいことは、なんでもそっちのお陰。悪いことは持って生まれた罪障とでも言うんだろ。あんたがやってる宗旨以外は地獄に堕ちるっていうのは、おかしいんじゃないか」と言い返してきました。

頭では判っていても、とっさに説明できなかった私は「私が行っているお寺を一度も見たことがないし、御住職様のお話を聞いたこともないし、勉強したり本を読んだこともない。日蓮正宗を何も判らずに、おかしいと言ってるほうが道理に合わないと思う。直接、御住職様からお話を聞いた上で反論するなら、まだ判るけど」と落ち着いて言いました。

すると、夫は「それもそうだな」と納得したようでした。

チャンスの到来

ある日、何かの折に夫が「俺、考えたんだけど、あんたが喜ぶことをしようと思ったんだよ。何が喜ぶか考えたら、俺がお寺に行って話を聞けばいいんだろう」と言いました。さんざん反対していた夫が言うことなので素直に聞こえず、「この信仰は私のためにすることでも頼んでやってもらうことでもないから、無理しなくていいのよ」と答えましたが、御住職様に御相談すると「いつでもよいからお連れください」とのお返事をいただき、夫が休みの日に一緒に参詣しました。

あいにく役員会と重なってしまいましたが、二時間にわたりお話をしていただき、無事、夫は御授戒を受けました。「俺は絶対にやらない。宗教なんか信じない」が口癖《くちぐせ》だった夫が、御本尊様に手を合わせ、頭に御本尊様をいただいた瞬間は、ついに夫も入信できたのかと、不思議な気持ちでいっぱいでした。

これまで、家族の御授戒に向けて動いてきましたが、これは最終目標ではなく、やっとスタート地点に立ったと思っています。

ここからが難しいことと早くも実感しています。勤行に始まり、唱題、寺院参詣、折伏ができるまで育成しなくてはなりません。生活に追われて毎日があっという間に過ぎ、自分の足で動けるうちに、健康なうちにと気持ちばかりが焦《あせ》ります。

以前から、娘達に温泉にでも行って女子会をしよう

御報恩御講に参詣して
(左から次男の航陽さんと星さん夫妻)

と誘われていましたが、日程が合いませんでした。そこで、今年二回目の支部総登山が一泊の登山でしたので、その日に娘達の都合を合わせてもらい、総本山に集合することにしました。娘達にとっては初めての登山となり、思いがけず娘婿と孫も駆けつけてくれました。

　御開扉、丑寅勤行、御講、広布唱題会と行事が続き、慣れない正座もあ

３人の娘との参詣がかなった（支部総登山）

り、娘達は帰り際に「ほとんど話せない、お題目で始まり、お題目で終わった修行の女子会だったわね」と笑っておりました。

いつか家族全員で総本山に集いたいと願っています。また、先月の御報恩御講には夫も一緒にお寺に参詣できましたが、まだまだこれからです。

家族そろって信心できる喜びを

以前折伏し、入信した親友の鈴木さんの御家族も、まだ入信されていません。鈴木さんにも、私が味わった家族全員の入信という感動を味わっていただきたいと切に願い、全力で協力すると約束しています。

日蓮大聖人様は『一生成仏抄』に、

「闇鏡《あんきょう》も磨きぬれば玉と見ゆるが如し。只今《ただいま》も一念無明《むみょう》の迷心は磨かざる鏡なり。是《これ》を磨かば必ず法性真如《ほっしょうしんにょ》の明鏡と成るべし。深く信心を発《お》こして、日夜朝暮に又懈《おこた》らず磨くべし。何様《いかよう》にしてか磨くべき、只南無妙法蓮華経と唱へたてまつるを、是をみがくとは云ふなり」（御書四六ページ）

と御教示くださいました。

まさしく、磨くのも磨かないのも自分自身です。だれも磨いてはくれません。火の信心ではなく、蕩々《とうとう》と流れる水の信心を続けていけるように、これからも弛《たゆ》まぬ下種・折伏・育成に励み、広宣流布のお役に立てる人材となることをお誓い申し上げ、体験発表とさせていただきます。

この体験談は、平成二十六年十月十三日に開催された「岩手布教区広布推進会」で発表されたもので、『大白法』第八九八号に掲載されたものに加筆しました。

法華講員　体験シリーズ⑮

月々日々につより給へ

―真剣な祈りで境界開く―

平成27年3月21日　初版発行

編集・発行／株式会社　大日蓮出版
静岡県富士宮市上条546番地の1

印　　刷／株式会社　きうちいんさつ

ISBN　978-4-905522-34-8